# UNIVERSITÉ DE FRANCE.

## ACADÉMIE DE STRASBOURG.

## ACTE PUBLIC,

PRÉSENTÉ ET SOUTENU PUBLIQUEMENT

## À LA FACULTÉ DE DROIT DE STRASBOURG,

Le vendredi 2 juin 1837, à midi,

POUR OBTENIR LE GRADE DE LICENCIÉ EN DROIT,

PAR

## M. G. H. DANZAS,

DE STRASBOURG (DÉPARTEMENT DU BAS-RHIN),

BACHELIER ÈS-LETTRES ET EN DROIT.

---

M. KERN, Doyen de la Faculté.

PRÉSIDENT : M. AUBRY.

EXAMINATEURS : MM. { AUBRY / KERN / BLOECHEL } PROFESSEURS ; / RAU, PROFESSEUR SUPPLÉANT.

La Faculté n'entend approuver ni désapprouver les opinions particulières au candidat.

———◦—❉—◦———

## STRASBOURG,

IMPRIMERIE DE G. SILBERMANN, PLACE SAINT-THOMAS, No 3.

## 1837.

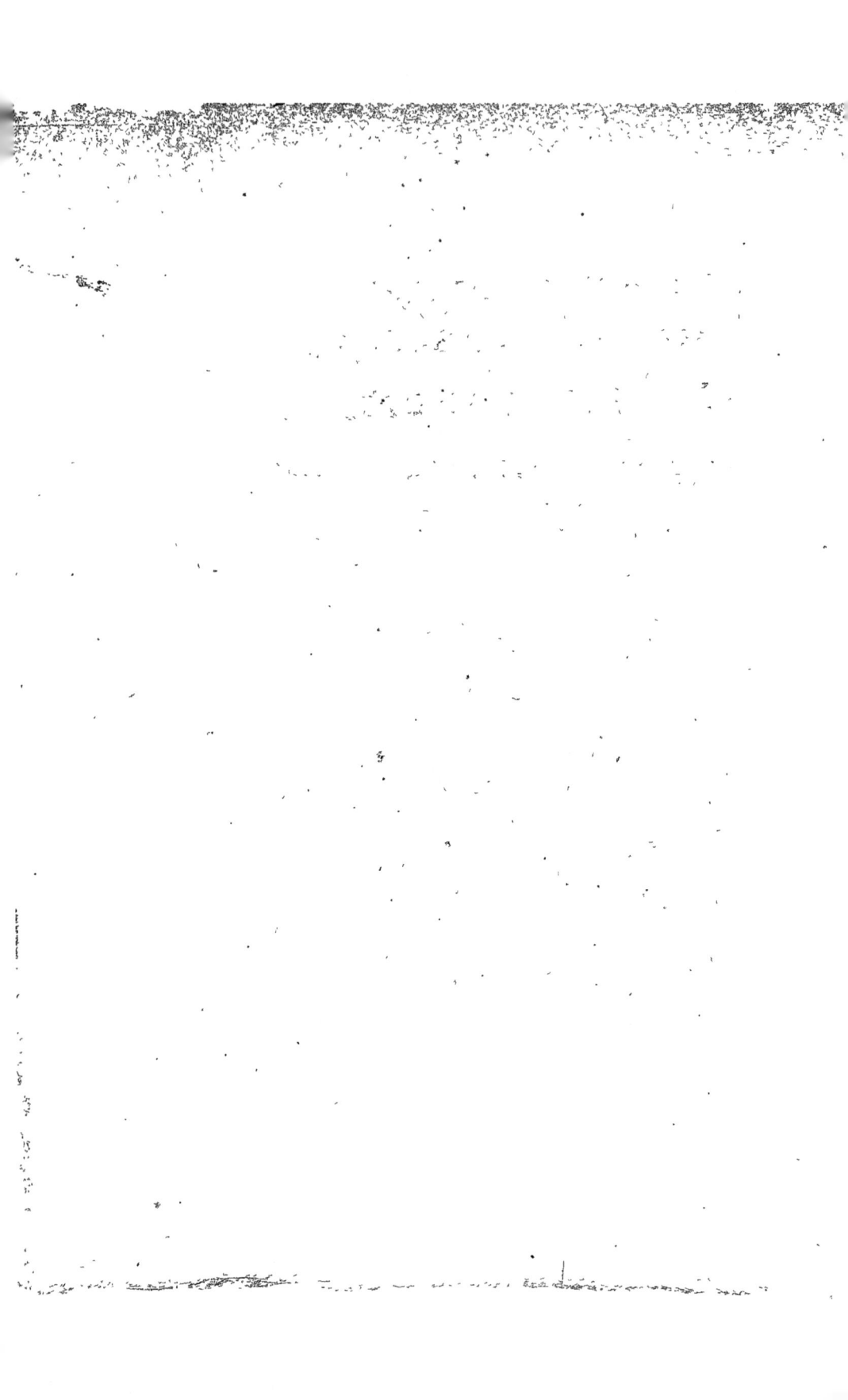

# DROIT CIVIL.

## DES CONTRATS ALÉATOIRES.

***

PREMIÈRE PARTIE. *Des contrats aléatoires en général.*

Les contrats aléatoires sont des conventions réciproques dans lesquelles le gain et la perte sont subordonnés à un événement incertain.

Pour la presque universalité de ces contrats on pourrait ajouter : que le gain et la perte sont alternatifs entre les parties respectives , c'est-à-dire, que la chance qui tourne au profit de l'une, cause par cela même une perte à l'autre. C'est surtout ce caractère d'opposition et de balancement dans les intérêts, qui sépare nos contrats des sociétés et des communautés où les profits et pertes sont parallèles ; cependant il ne se trouve point dans certaines conventions dont le résultat dépend du hasard, par exemple, dans le prêt à la grosse, qui , du reste, se rapproche autant de l'association en participation que du contrat aléatoire.

Dans les contrats où les chances sont alternatives, elles peuvent se distribuer de trois manières.

Ou bien chacune des parties s'expose à un risque à peu près égal. (Jeu, pari.)

. Ou une seule s'expose directement, moyennant un prix certain
reçu de l'autre partie ; celle-ci n'en court pas moins un risque, celui d'avoir donné inutilement. (C᠄ d'assurances.)

. Ou bien , et quand la convention est unilatérale , l'une des parties est sûre de gagner , mais la quotité du profit est incertaine. (Donation d'une propriété, d'une rente viagère.)

Il résulte de la nature de ces contrats, que les majeurs n'y sont jamais restituables pour cause de lésion. Ainsi l'on ne pourrait deman-
der la nullité d'une cession de droits litigieux , même pour lésion
de plus des sept douzièmes ; on le pourrait, au contraire, pour une
créance claire et reconnue.

Le nombre des contrats dits aléatoires , est indéfini , et cette
qualité peut être ajoutée par les parties à des conventions quelconques : alors, à part la chance du hasard , ils sont régis par le droit
commun, selon leur espèce.

SECONDE PARTIE. *De quelques contrats aléatoires en particulier.*

ARTICLE PREMIER. *Du contrat de jeu.*

§ 1. *De sa nature.*

Le jeu est un contrat réel par lequel les parties s'engagent à donner à celle qui gagnera, une valeur convenue.

Le jeu est d'adresse ou de hasard. Le pari n'est qu'une sorte de jeu
de hasard ; c'est la promesse que se font deux personnes de se donner réciproquement une chose selon qu'un événement déterminé
arrivera ou non.

La nature frivole et les suites funestes du jeu l'ont fait voir d'un œil
défavorable par les législateurs de tous les temps, et quand ils l'ont
toléré , c'est qu'ils le regardaient comme un simple délassement, et

non comme un moyen d'acquérir. La sévérité des lois ne s'est adoucie que pour les jeux d'exercice qui présentent quelque utilité.

Cette sévérité fut excessive dans le Droit romain. Les Capitulaires de Charlemagne et les ordonnances de nos rois défendirent les jeux sous des peines très-graves. Louis XIII déclara infâmes et intestables les joueurs, et ordonna la confiscation des maisons où se tenaient les académies. L'art. 410 du Code pénal a maintenu, en partie, les anciennes prohibitions ; mais un décret impérial (24 juin 1810) donne au gouvernement la faculté d'autoriser en certains cas les maisons de jeu.

Le but du jeu peut être ou une simple distraction (*jeu desintéressé*), ou une spéculation de commerce (*jeu intéressé, gros jeu*). La loi regarde ce dernier but comme honteux ; il ne peut donc être une cause légitime d'obligation.

Quant à son objet, le jeu peut s'exercer sur toute espèce de valeurs : les meubles, les immeubles, l'argent comptant, les droits incorporels.

Les conditions essentielles du jeu sont : le *libre consentement*, sur le fait du jeu et sur la valeur exposée ; la *fidélité* et l'*égalité*. (Pothier.)

J'entends par égalité, que l'un des joueurs ne doit pas avoir d'avantage de position sur son adversaire, à l'insu de celui-ci et contre son consentement. Si, par exemple, l'une des parties jouait un objet précieux contre un objet de vil prix dont elle ignorait la valeur ; si l'un des joueurs avait caché sa force, sachant que l'autre lui est d'une infériorité considérable, il n'y aurait pas de contrat.

Du principe de l'égalité il suit cette autre condition : que chacun des joueurs doit avoir la libre disposition de la somme exposée. L'incapable non-seulement ne pourrait valablement payer, il ne pourrait pas même obliger son adversaire.

Si le consentement n'avait pas été libre, pour cause de violence, par exemple, le payement est répétable, même s'il avait été fait de-

1.

puis la cessation de la violence; car le contrat de jeu n'est pas susceptible d'approbation postérieure.

En effet, la formation des contrats réels dépend d'un fait accompli : mais le fait n'est *juridiquement* accompli que par l'accession de la volonté. Ainsi, par exemple, je ne suis obligé pour dépôt qu'à dater de l'accomplissement du dépôt consenti, ou à dater du consentement au dépôt effectué.

Or, le fait du jeu ne dure qu'un moment, et si je n'ai consenti dans ce moment, il ne sera plus en mon pouvoir de faire coexister le fait et la volonté, et, par conséquent, de donner l'existence au contrat. Le payement sera donc sans cause.

Mais si le perdant était celui qui a exercé la contrainte, le payement ne serait plus répétable, car les parties seraient *in turpi causa*, et l'avantage suivrait la possession (V. § 2).

### § 2. *Des effets que la loi donne au jeu.*

La loi n'admettant pas que le jeu soit un moyen d'acquérir, n'accorde pas d'action pour les dettes qui en résultent (1965). Mais elle donne une exception contre la répétition du payement : car, où le jeu était une simple distraction, et dans ce cas le perdant a acquitté une obligation naturelle (*gravé est fidem fallere*); ou il était une spéculation de commerce, et alors les deux contractants sont également indignes de la protection de la loi. (*In turpi causa melior est conditio possidentis.*) (1967.)

En vertu du principe de fidélité, le perdant peut répéter ce qu'il a volontairement payé, s'il y a eu dol personnel de la part du gagnant. (1967.)

Les jeux d'exercice sont utiles à l'État en ce qu'ils favorisent le développement physique des citoyens; aussi la loi les a-t-elle encouragés en les exceptant de la disposition de l'art. 1965. Les stipulations des joueurs y sont donc obligatoires, mais cette faveur ne saurait être étendue aux paris ayant ces jeux pour cause.

Cependant, si le prix stipulé était excessif, le juge doit rejeter la demande. Pour apprécier la valeur des enjeux, on doit prendre en considération la position et la fortune des parties. Si le perdant était riche et le gagnant pauvre, l'action de celui-ci n'en devrait pas moins être rejetée, en vertu du principe d'égalité : car on l'eût rejetée de la part du plus riche. Mais la stipulation de deux sommes proportionnelles à la fortune de chacun serait valable.

En tout cas, le juge doit *rejeter* la demande et non la *réduire ;* car si la loi encourage les jeux d'exercice, c'est qu'elle suppose qu'ils n'ont pas le gain pour fin principale. L'énormité du prix dément la présomption de la loi, et l'action pèche par sa base puisqu'elle a une cause illicite ; elle n'est donc pas plus recevable pour une partie que pour le tout.

Des mots *dans aucun cas* (1967) il faut conclure que ce prix excessif une fois payé n'est pas répétable, car la position des parties est la même que dans les jeux de hasard.

### § 3. *Du payement des dettes de jeu.*

La loi donne l'avantage au possesseur de la chose jouée : ainsi, le payement, pour être stable, doit donner la possession.

D'après ce principe on pourra payer, soit par tradition réelle, soit par acte translatif de propriété, car, à partir de la conclusion d'un tel acte, l'ancien propriétaire ne possède plus que pour le compte du nouveau (711).

Les immeubles joués peuvent donc se payer par donation ou par remise des clefs ou des titres ; les meubles et l'argent comptant, par donation, délivrance de la chose ou par tradition anticipée, c'est-à-dire, en déposant la somme sur la table ou entre les mains d'un tiers.

Si le perdant retirait la mise, ou parvenait à rentrer en possession de ce qu'il a volontairement payé, il ne pourrait plus exciper de l'art. 1965, car le gagnant aurait un *jus in re* fondé sur sa possession et non plus sur le jeu directement.

Les droits incorporels peuvent se transférer en payement de jeu; une lettre de change, par exemple, s'endosserait. Mais il faut observer, que si le joueur peut transporter par l'endossement, la propriété de ce titre, et l'exercice des actions attachées à cette propriété, il n'a jamais le pouvoir de *créer une action* contre lui-même. Il ne saurait donc être tenu à la garantie. Par la même raison, un billet qu'il aurait souscrit, serait nul, à charge par lui d'en prouver la cause illicite. Il paraît être de jurisprudence que cette preuve peut toujours se faire par témoins.

Quant aux personnes, celles-là seules peuvent payer qui ont pu contracter; le payement fait par le mineur ou la femme mariée est donc nul, sauf les exceptions suivantes:

Le mineur peut jouer les sommes modiques laissées à sa disposition pour ses menus plaisirs.

Il en est de même de la femme; de plus, si elle a des paraphernaux ou si elle est séparée de biens, elle pourra jouer ses revenus moins sa contribution aux charges conjugales. Le mari peut saisir, arrêter ces revenus jusqu'à concurrence de ladite contribution.

### ART. II. *De la rente viagère.*

#### § 1. *De sa nature et de ses conditions essentielles.*

Le contrat de rente viagère consiste dans l'obligation de payer une rente pendant la vie d'un ou de plusieurs individus.

Cette rente n'est pas, comme la rente constituée, l'intérêt d'un capital; elle ne consiste que dans la créance des seuls arrérages, créance qui s'acquitte successivement par le service de la rente. L'incertitude de la vie humaine dont la durée règle celle de ce service, constitue le caractère aléatoire du contrat.

La loi est plus favorable à celui des contractants qui stipule pour la prolongation de la vie, qu'à celui qui a intérêt à une mort prochaine.

Les rentes viagères sont meubles (529).

Elles peuvent être constituées sur la tête de l'une des parties ou sur celle d'une tierce personne étrangère au contrat. Ce n'est qu'en justifiant de l'existence de cette personne, que le créancier peut exiger les arrérages.

Si la personne était morte au moment du contrat, il serait nul : car il serait sans cause, il manquerait à sa condition essentielle qui est de reposer sur une tête vivante. Si elle se trouvait atteinte d'un mal qui l'emportât dans les vingt jours, le contrat serait également nul, et cela quand même les parties auraient eu connaissance de la maladie : car elles ignoraient le danger, et la convention n'a eu lieu que par erreur sur la qualité de la personne.

Cette nullité est d'ordre public, et les parties ne peuvent s'ôter la faculté de l'invoquer. Ainsi elles ne pourraient l'éluder par une antidate consentie. Les art. 1328 et 1322 ne sont donc pas applicables. Celui qui invoque la nullité, doit prouver : 1° que la maladie existait au moment du contrat ; 2° que la mort s'est suivie de cette maladie et non d'une autre cause.

La rente constituée sur plusieurs têtes dure autant que l'une de ces têtes existe, s'il n'y a stipulation contraire : il est à présumer que cette condition avait pour but de donner plus de stabilité à l'obligation ; d'ailleurs, dans le doute, l'avantage doit rester à celui qui a stipulé pour la vie.

Une rente constituée au profit de plusieurs personnes et réductible, en cas de mort de l'une d'elles, n'est pas constituée sur deux têtes ; il y a réellement deux rentes momentanément confondues.

Si la rente est sur la tête d'un tiers, elle passe, en actif et en passif, aux héritiers de la partie qui viendrait à décéder avant ce tiers.

La rente viagère peut se constituer à titre gratuit ou onéreux.

### § 2. *De la rente viagère à titre gratuit.*

Comme cette rente est une véritable donation ou un legs, elle est soumise à toutes les règles de ces actes, pour la forme, les nullités et les réductions. Elle est donc nulle, si elle est constituée au profit d'un incapable de recevoir; elle est révocable, pour survenance d'enfant; réductible, si elle excède la portion disponible dans le patrimoine du donateur.

Mais la valeur de la rente ne pouvant s'apprécier exactement à raison de sa nature aléatoire, les héritiers qui prétendent qu'elle est réductible, ont le choix ou d'exécuter la disposition dans son entier, ou d'abandonner la quotité disponible en capital (917).

Cependant cette règle n'est applicable que lorsqu'il existe un seul acte de libéralité; s'il y en a plusieurs, il faudra toujours recourir à une estimation de sa nature fort incertaine. Cette estimation se fera par transaction à l'amiable, ou par décision judiciaire; elle dépendra surtout de l'âge et de la santé des personnes; les cours royales la jugent souverainement.

Dans tous les cas, les arrérages ne seront pas répétables, étant perçus de bonne foi.

La rente viagère à titre gratuit peut être déclarée insaisissable, car celui qui fait une libéralité est maître des conditions, et cette stipulation ne saurait nuire aux créanciers du donataire.

### § 3. *De la rente viagère à titre onéreux.*

Nous avons dit que la rente viagère ne provient pas des intérêts d'un capital. Elle n'est donc pas un prêt comme la rente perpétuelle, mais une sorte de contrat de vente ou d'échange dans lequel l'un apporte son obligation, l'autre un prix qui est aussitôt aliéné.

Le contract n'est donc pas résoluble si la chose donnée en prix venait à périr (*res perit domino*). Cette sorte de convention diffère cependant de la vente et de l'échange[1], en ce qu'elle est réelle et ne devient obligatoire que par la numération du capital. Tant que cette tradition n'a pas eu lieu, le débiteur a une exception contre la demande des arrérages et une action pour se faire livrer le prix stipulé.

. Si l'acte de constitution de rente est sous seing privé, il doit être fait double, du moins quand le payement n'a pas lieu à l'instant du contrat (1325).

Le propriétaire de la rente perdant tous ses droits sur le capital, il ne peut jamais le rappeler à lui, même pour défaut de payement des arrérages. Il n'est propriétaire que d'une obligation, et il n'a qu'une action purement personnelle pour la faire exécuter. Il peut donc saisir et faire vendre les biens de son débiteur, et faire ordonner ou consentir sur le produit de la vente une somme suffisante pour le service des arrérages (1978). Il est alors l'usufruitier de cette somme dont la nue propriété reste au débiteur. La nature de la rente viagère et le danger de fournir des prétextes de résiliation aux mécontents, exigeaient cette dérogation à l'art. 1182.

Cependant les parties pourraient, par une clause pénale, établir un droit de résiliation.

Le créancier abandonnant le prix d'une manière irrévocable, il était juste de lui fournir des moyens d'assurer l'*exécution* du contrat. Si donc il a été promis des sûretés, cette condition est considérée comme essentielle et résolutoire (1977). Il y a de même lieu à résolution pour diminution des sûretés données, comme si l'immeuble hypothéqué était détruit, si la caution devenait insolvable. La vente de l'immeuble ne serait pas une cause de résiliation, s'il y avait de suite remploi suffisant.

Les contractants peuvent constituer la rente au profit d'un tiers. Dans ce cas, l'acte n'est point assujetti aux formalités des donations, car il est onéreux en lui-même (*do ut facias*). La libéralité est seule-

[1] C'est un contrat *do ut des*.

2

ment un pacte accessoire. Celui qui a fourni le prix, est le vrai propriétaire, et le donataire n'est qu'un usufruitier. Si donc ce dernier
ne peut profiter de tout ou partie de la rente, elle ne cesse pas, mais
elle retourne au donateur. Du reste, la libéralité reste toujours soumise, quant au fond, aux règles ordinaires concernant les nullités ,
les réductions, l'acceptation, etc.

Le caractère aléatoire de cette rente fait que le taux n'en peut être
usuraire, quand même il dépasserait l'intérêt légal. Il doit même le
dépasser, autrement il n'y aurait qu'une donation sous réserve de
jouissance. On peut donc la répéter, et sans rendre les arrérages. Lorsqu'un jugement a ordonné le remboursement du prix de la rente,
elle est réduite à l'intérêt légal jusqu'au jour de ce remboursement.

Il suit du même caractère que le constituant ne peut se libérer du
service de la rente, même par l'offre de restituer le capital en abandonnant les arrérages payés, et quelque onéreux que lui soit devenu
ce service, car il a accepté la chance de perte comme équivalent de
la chance de profit.

§ 4. *De l'acquisition des arrérages et de l'extinction de la rente en général.*

La condition essentielle de la créance étant l'existence d'une cer-
taine personne, la rente est acquise par chaque jour de vie ; mais
elle n'est exigible que par années , s'il n'a pas été fixé de terme. En
cas d'extinction dans le cours de l'année , les arrérages sont dus en
proportion du nombre des jours de vie ; ils sont dus aux héritiers
si la rente reposait sur la tête même du créancier.

On peut convenir que les termes seront payés d'avance ; alors chaque terme est acquis dès le jour où il a dû être payé (1980). C'est
une nouvelle chance aléatoire ajoutée par les parties, et d'autant
plus légitime qu'elle favorise celui qui a stipulé pour la vie.

Les arrérages se prescrivent par cinq ans (2277).

La rente viagère s'éteint :

1° Par la mort naturelle de la personne, mais non par la mort civile, car les parties n'ont eu en vue que l'ordre naturel. Si le mort civil
est le propriétaire de la rente, elle profite à ses héritiers, sa vie durant,
à moins qu'elle ne soit alimentaire; dans ce cas, il continue à la per-
cevoir. Les arrérages payés dans l'ignorance du décès sont répétables.
La mort naturelle du créancier n'éteint pas la créance si elle vient
du crime du débiteur, mais le contrat est résolu.

2° Par la prescription trentenaire. Si la rente reposait sur un tiers
qui vint à disparaître, elle ne pourrait plus être exigée (1983) : la
prescription n'en courrait pas moins, car le créancier ne se trouve
dans aucune exception légale (2251). La règle *contra non valentem
agere non currit præscriptio* n'est applicable qu'aux empêchements de
droit, et non à ceux de fait.

3° Par rachat volontaire. Le prix du rachat n'est pas nécessaire-
ment le même que celui de la constitution; il est même naturel
qu'il soit moindre, cependant il pourrait le surpasser, car la valeur
de la rente n'est que dans l'estimation particulière qu'en fait chaque
individu.

4° Par remise, novation, confusion et les autres genres d'extinction communs à tous les contrats quand ils ne sont pas incompatibles
avec la nature de la rente viagère.

2.

# JUS ROMANUM.

## DE ALEATORIBUS.

Senatus-consulto vetatum fuerat in pecuniam ludere. Militibus apud veteres extra operas pugnatorias alea ludere permittebatur, sed et hoc jure novissimo sublatum est. Alea dicitur omnis actus in quo fortuna prædominatur. Cum autem ex vetita causa obligationem nasci non posse constet, consequens est nullam victori de stipulato præmio actionem competere. Imo victus in aleæ lusu si solverit, repetere potest; quod si ipse neglexerit, jure-justinianeo episcopis et præsidibus vel cuicumque volenti repetere licet et in opera publica expendere, non obstante nisi quinquaginta annorum præscriptione.

Eorum autem qui aleatores susceperint adeo turpis conditio videtur ut eis de passa injuria, ut verberibus, damnis, furtis domo perpetratis eo tempore quo ludebatur, quamvis fur lusor non fuerit, a prætore judicium denegetur. Pomponius æstimabat solummodo pœnalem actionem denegari, vindicationem, condictionem et ad exhibendum patere; sed contraria sententia probata est. Collusores autem si inter se rapinas fecerint, non denegabitur actio bonorum raptorum quamvis et hi sint indigni.

Tamen de ludis qui virtutem stimulant, ut lucta, vibratione, cursu, sponsiones factæ valebant: Justinianus quinque tantummodo ludos licitos ordinavit, et ditioribus unum solidum deponere; cæteris autem longe minorem pecuniam permisit. Quod si plus lusum fuerit repetatur.

Item de dapibus in convivio positis familiaribus ludere licet.

# DROIT COMMERCIAL.

## DES COMMERÇANTS.

———

PREMIÈRE PARTIE. *De ceux qui sont réputés commerçants.*

Deux conditions constituent la qualité de commerçant : exercer des actes de commerce; en faire sa profession habituelle.

1° Les actes réputés commerciaux sont désignés aux art. 632 et 633. Ils comprennent en général : tout achat de produits quelconques fait, soit pour les revendre en nature ou façonnés; soit pour en louer l'usage, et les opérations qui ont pour but d'en faciliter l'échange; les entreprises pour la fabrication des produits de l'industrie manufacturière; le trafic sur le cours de l'argent : le tout à l'effet d'en tirer un profit.

Le commerce (*h. s.*) ne saurait donc avoir pour objet que les meubles.

Tous ces actes sont commerciaux par leur nature; d'autres le sont par une présomption de la loi, ce sont les obligations entre négociants; mais comme ils supposent la qualité à établir, ce n'est pas ici le lieu d'en parler.

Il faut distinguer avec soin le simple artisan du commerçant manufacturier : l'homme qui achète à l'avance la matière première nécessaire à son industrie, fait acte de commerce; celui, au contraire, qui reçoit la matière avec la commande, ne fait qu'exercer un art, et l'on en peut dire autant s'il n'achète qu'au fur et mesure des commandes qu'il reçoit; car alors il est, en quelque sorte, mandataire, et n'achète pas pour son propre compte.

Il faut aussi que les actes qualifiés de commerciaux soient princi-
paux dans l'opération dont ils font partie : un propriétaire qui achète
des futailles pour l'envoi de son vin, un peintre qui achète des cou-
leurs et des toiles, ne sont pas commerçants, car l'achat dans le but
de revente, n'est que l'accessoire d'une opération principale.

2° Quant à la profession habituelle, elle résulte d'une suite d'actes
assez rapprochés et assez nombreux pour constituer une habitude.
L'existence de l'habitude est un fait dont l'appréciation demeure, en
dernier ressort, aux cours royales.

Si la profession doit être *habituelle*, il n'est pas nécessaire qu'elle
soit *principale*, car on pourrait exercer un commerce comme accessoire.

L'intention publiquement annoncée de faire état du commerce,
peut suppléer la fréquence et la continuité des actes. Ainsi, celui qui
ouvrirait un magasin, distribuerait des circulaires, se munirait d'une
patente, pourrait être réputé commerçant.

La seule patente n'établirait d'ailleurs pas cette qualité, car elle
n'est obligatoire pour aucune raison tirée de la nature du commerce,
mais pour de purs motifs de fiscalité ; elle n'est pas une condition de
l'état de négociant, mais une obligation dépendante de cet état. On
peut la regarder seulement comme un indice utile.

SECONDE PARTIE. *De ceux qui peuvent être commerçants.*

Le commerce est libre (L. du 17 mars 1791) ; ainsi, dans la règle,
toutes personnes peuvent le faire, à moins d'une prohibition spéciale
de la loi.

Parmi les prohibitions, les unes s'étendent au commerce en général, les autres ne sont relatives qu'à certains actes.

Les premières concernent :

Les mineurs et les femmes mariées, mais non toujours d'une manière absolue, comme nous le verrons plus loin.

( 15 )

Les interdits, et celui qui a un conseil judiciaire.

Les avocats. (Décr. 14 déc. 1810. Ord. 20 Nov. 1822.)

Les courtiers et agents de change. (85 et suiv.)

Les consuls en pays étranger. (Règl. 3 mars 1781.)

Aucune loi civile n'ayant excepté les ecclésiastiques et les magistrats, le commerce ne saurait leur être interdit, quelque peu convenable qu'il soit à leur ministère.

Voici quelques-unes des prohibitions particulières :

Les officiers et administrateurs de la marine ne peuvent faire le commerce maritime. (Ord. 31 oct. 1784.)

Les fonctionnaires chargés de l'administration des régies, entreprises et adjudications, ne peuvent y prendre un intérêt. (Code pénal, 175.)

Les commandants militaires, préfets et sous-préfets ne peuvent faire le commerce des denrées alimentaires dans le ressort de leur autorité. (176 du Code pénal.)

Enfin, certaines branches de commerce sont interdites aux particuliers ou placées sous la surveillance spéciale du gouvernement : telles sont la fabrication et le débit du tabac, de la poudre à tirer, du sel, etc. (L. 24 déc. 1814. 13 fruct. an V. L. 24 avril 1806.)

*Exceptions à l'incapacité des mineurs et des femmes mariées.*

Les prohibitions concernant le mineur et la femme mariée ne sont pas absolues; ils peuvent être relevés de leur incapacité par l'accomplissement de certaines conditions.

### 1° Du mineur.

Les conditions relatives au mineur sont au nombre de quatre :

1° Il doit avoir dix-huit ans accomplis.

2° Être émancipé.

3° L'émancipation donne au mineur la libre administration de sa fortune, mais non le pouvoir de s'obliger (Code civil, 481). Dans cet état, le commerce serait impossible; aussi l'art. 487 du Code civil répute-t-il majeur, le mineur émancipé qui fait un commerce pour tous les faits de ce commerce. Or, si le mineur, émancipé d'une manière pure et simple, entreprenait un négoce; les suites de l'émancipation risqueraient de devenir beaucoup plus graves que les parents ne l'avaient prévu. La loi exige donc pour troisième condition que le mineur ne puisse faire le commerce sans avoir été préalablement autorisé par son père. Lorsque le père se trouve dans l'impossibilité de donner l'autorisation, pour cause de décès, d'interdiction, d'absence ou de présomption d'absence, il est suppléé par la mère. Enfin, au défaut de celle-ci, l'autorisation doit être donnée par une délibération homologuée du conseil de famille.

Cette mesure est prescrite dans l'intérêt du mineur et non dans celui des tiers; aussi les autorisants ne sont-ils soumis à aucune responsabilité.

4° L'acte d'autorisation doit être enregistré et affiché au tribunal de commerce du lieu où le mineur veut établir son domicile, afin que les tiers puissent s'assurer de sa qualité.

Si toutes ces conditions ne sont pas accomplies, le mineur reste soumis à l'incapacité commune; il peut se faire relever de ses engagements pour cause de lésion.

Du reste, le mineur, par les mêmes moyens, peut être rendu capable d'un certain acte de commerce, sans devenir pour cela commerçant. Dans ce cas, l'autorisation dure autant que l'acte pour lequel elle a été donnée. L'autorisation d'être commerçant, ne peut être retirée que par la révocation de l'émancipation.

Le mineur autorisé étant réputé majeur, quant à son commerce, peut, sans assistance de curateur, faire tous les actes que ce commerce nécessite. Il peut contracter, transiger, plaider, compromettre et même hypothéquer; mais l'aliénation de ses immeubles ne lui est permise qu'en suivant les règles des articles 457 et suivants du Code civil.

Il est toujours restituable pour les actes qui ne tiennent pas à son négoce (Arg. 487, 1305, 1308 du Code civil). Les billets par lui souscrits sont toujours présumés faits pour son négoce, et c'est à lui d'en administrer la preuve contraire ; mais pour les actes qui ne sont pas ordinairement commerciaux, la preuve doit être faite contre lui (638).

### 2° De la femme mariée.

Une seule condition est nécessaire à la femme pour exercer le commerce, savoir le consentement de son mari, car, sans ce consentement, elle ne peut s'obliger, quel que soit d'ailleurs le régime matrimonial (217 du Code civil).

On doit conclure des termes de l'art. 4 : 1° Que le consentement est incessamment obligé et peut être révoqué au gré du mari ; 2° qu'il peut être tacite et exister indépendamment d'une autorisation formelle ; que, par conséquent, il se présume, pourvu que la femme soit dans les conditions de l'art. 1ᵉʳ. Mais cette présomption n'existe point pour des actes de commerce isolés ; comme le mari pourrait les ignorer, son autorisation expresse et spéciale est indispensable.

La femme, pour être réputée marchande publique, doit faire un commerce à elle propre et séparé de celui que pourrait faire en même temps son mari ; ainsi, elle n'est pas commerçante, si elle ne fait que débiter les marchandises de ce dernier.

Tout cela suppose que les deux époux sont majeurs. Si la femme était mineure, le consentement du mari ne suffirait plus ; il faudrait encore l'âge et l'autorisation exigés par l'art. 2, car la loi n'a pas donné à l'émancipation par mariage, des effets plus étendus qu'à l'émancipation ordinaire.

Quand le mari est mineur ou interdit, la femme doit se faire autoriser par justice (224 du Code civil).

Le consentement donne à la femme de pleins pouvoirs pour tous les actes qui concernent son négoce, excepté le seul pouvoir de plai-

3

der sans permission maritale ou judiciaire, lequel lui est dénié d'une manière absolue par l'art. 215 du Code civil.

Par une dérogation importante aux art. 1538, 217 et 223 du Code civil, la femme est autorisée d'une manière générale à engager et aliéner ses immeubles. Cependant cette faculté ne s'étend pas aux biens constitués sous le régime dotal, qui sont toujours inaliénables (1554 du Code civil).

Si la femme est commune, en s'obligeant elle oblige aussi son mari, car les dettes contractées par la femme, du consentement du mari, tombent dans la communauté (1409, n° 2, du Code civil). Mais cette règle ne s'étend point au régime dotal et au régime exclusif de communauté. (*Qui dicit de uno negat de altero.*)

La femme et le mineur commerçants sont soumis à la contrainte par corps pour les sommes de 200 fr. et au-dessus (L. du 19 avril 1832, art. 1). Cette contrainte ne nous paraît pas devoir réfléchir contre le mari de la femme commune.

# PROCÉDURE CIVILE.

## DE L'EMPRISONNEMENT.

La saisie-emprisonnement est un mode d'exécution par lequel un créancier met son débiteur sous la main de la justice pour le contraindre à remplir son obligation. Cette poursuite est la plus rigoureuse de toutes : aussi l'interprétation est contre elle; elle n'a lieu que dans certains cas exceptionnels. La détermination de ces cas appartenant au droit civil, nous n'avons à considérer que la forme.

On distingue dans l'emprisonnement : les formalités préliminaires, les empêchements, l'exécution, les incidents qui comprennent les demandes en élargissement.

1° *Formalités préliminaires.* Un jour franc avant l'exécution, il doit être, par un huissier commis, fait commandement et signification du titre. Ce titre ne peut être qu'un jugement obtenu *ad hoc* (2067 du Code civil). La signification contient élection de domicile dans la commune où siège le tribunal qui a rendu le jugement, si le créancier n'y demeure pas.

Ces formalités ont pour but d'avertir dûment le débiteur du danger où il se trouve faute de payer, et de le mettre à même de former les oppositions que de droit. Au bout d'un an, le commandement est périmé; jusque-là on peut passer outre à l'exécution, sans répéter les formalités préalables.

2° Parmi les *empêchements*, les uns proviennent d'un privilége attaché à certains temps et à certains lieux (781—782). Cependant ce privilége ne peut aller jusqu'à paralyser l'action de la justice; ainsi, le débiteur peut être arrêté dans une maison, avec l'ordre et l'assistance du juge de paix.

Les autres empêchements sont les saufs-conduits accordés au débiteur dans certains cas. (782; Code de commerce 466 et suiv.)

3° L'*exécution* se fait ou par arrestation et emprisonnement, ou par recommandation.

L'*arrestation* se fait par procès-verbal de l'huissier assisté de deux recors, après itératif commandement, et avec élection de domicile dans le lieu de la détention. En cas de rébellion, l'huissier peut requérir la force armée.

Le débiteur peut requérir qu'il en soit référé; et, en ce cas, il doit être conduit de suite au président, même en son hôtel. L'ordonnance sur référé sera exécutée sur le champ.

L'*emprisonnement* ne peut avoir lieu que dans un lieu public de détention, et sur le vu du jugement de condamnation, lequel doit être transcrit sur le registre de la geôle. L'emprisonnement est, de plus, constaté par un écrou, dont l'art. 789 règle la forme. Le débiteur ne peut être reçu par le concierge qu'autant que le créancier consigne d'avance des aliments.

Quand le débiteur est déjà détenu pour une autre dette ou pour délit, l'exécution se fait par *recommandation* et avec toutes les formalités prescrites d'ailleurs, sauf la présence des recors et la consignation d'aliments. Le créancier qui a fait emprisonner, ne peut retirer les aliments que du consentement du recommandant; mais il peut se pourvoir contre celui-ci, aux fins de le faire contribuer à l'entretien par égale portion.

La durée de la contrainte court, à l'égard du recommandant, du jour de la recommandation.

4° Parmi les *incidents* nous avons déjà mentionné la rébellion et la demande en référé qui précèdent l'emprisonnement.

D'autres incidents peuvent le suivre : ce sont les demandes en nullité et en élargissement.

La nullité peut être demandée ou pour moyens de fonds, ou pour non-observation des formalités. Dans tous les cas, la demande est formée à bref délai, et l'assignation donnée par un huissier commis au domicile élu par l'écrou. La cause se juge sommairement, le ministère public entendu. Le débiteur élargi pour nullité ne peut être arrêté pour la même dette qu'un jour au moins après sa sortie.

Outre les nullités, l'élargissement peut encore être obtenu :

1° Par consentement du créancier et des recommandants, donné par acte authentique ou sur le registre de l'écrou.

2° Par bénéfice de cession.

3° Par la consignation des causes de l'emprisonnement et des frais, avec restitution des aliments. Les frais à consigner sont désignés à l'art. 23, L., 17 avril 1832. Le geôlier est tenu de recevoir cette consignation. Ce moyen d'élargissement peut s'employer concurremment avec la nullité. (798.)

4° Pour défaut de consignation d'aliments. La demande se fait sur certificat du geôlier; elle n'est plus recevable si elle n'est formée qu'après que le créancier en retard aura fait la consignation. Le créancier ne peut faire saisir de nouveau qu'en remboursant au débiteur ou consignant ès-mains du greffier les frais d'élargissement, et en consignant, de plus, six mois d'aliments.

5° Si le débiteur a commencé sa soixante-dixième année, et si, dans ce cas, il n'est pas stellionataire. (2069 du Code civil.)

6° Lorsque la durée de la contrainte par corps est expirée. Alors le débiteur doit être élargi, même d'office.

La contrainte par corps peut être exercée provisoirement contre les étrangers non domiciliés en France. Cet emprisonnement est réglé par la loi du 17 avril 1832, art. 14 et suiv. Il se fait par ordonnance du président, obtenue sur requête, s'il y a motifs suffisants.

Il ne peut avoir lieu : si la dette est moindre de 150 fr. ; si elle n'est pas exigible; si l'étranger justifie qu'il possède en France des

4

immeubles ou un établissement de commerce d'une valeur suffisante pour assurer le payement de la dette; s'il fournit caution solvable.

Le créancier est tenu de se pourvoir en condamnation dans la huitaine, faute de quoi le débiteur peut obtenir son élargissement par ordonnance de référé.

FIN.

www.ingramcontent.com/pod-product-compliance
Lightning Source LLC
Chambersburg PA
CBHW060538200326
41520CB00017B/5283